Lecte

Je lis mes toutes premières histoires

Basile ne pense qu'à surfer

CHANTECLER

Basile rentre de l'école.
Il range son cartable.
Puis il mange un biscuit. Vite !
Miam-miam !
Pourquoi est-il si pressé ?
Basile veut surfer sur le Net.

Basile tousse.
Ouille, ouille !
Un morceau est resté coincé.
Maman s'en aperçoit :
« Ne mange pas si vite !
Tiens, bois un jus de fruit ! »
« Pas le temps, maman,
je dois me mettre au travail ! »

Basile allume son ordinateur.
Il fait bip-bip.
Basile prend sa souris.
« Tu vas encore surfer sur le Net ?
Il fait beau, dit maman.
Va donc chez Johan ou Thomas.
Ou va jouer au parc.
N'est-ce pas une bonne idée ? »

« Bof, dit Basile.
Pour y faire quoi ?
Johan n'est plus mon copain.
Il est fâché contre moi.
Il ne me parle plus. »

« Va chez Thomas, dit maman.
Il aura sûrement une bonne idée de jeu. »
« Thomas est ennuyeux, répond Basile.
Il ne veut jamais aller sur le Net.
Il n'y connaît rien ! »

« Je fais une recherche pour l'école.
La maîtresse m'a demandé de chercher
quelque chose pour elle.
J'ai dit : Pas de problème.
Je chercherai la réponse sur le Net ! »

« Voilà qui est gentil, dit maman.
Si c'est pour ta maîtresse,
tu as ma permission.
Mais que cela ne dure pas une heure ! »

Basile clique.

Mais pas pour sa maîtresse.

« As-tu trouvé ? » demande maman.

En fait, Basile n'a rien cherché,

car il n'y a rien à trouver.

La maîtresse ne lui a rien demandé !

Il a menti à maman.

Basile surfe sur le Net.

Il dialogue en ligne avec Nina.

Nina habite loin.

Elle ne parle pas bien français.

« Salut », dit Basile après un moment.

Basile recommence à jouer.

Pan, pan !

« Attrape, bête féroce ! » dit-il.

Il doit se dépêcher de finir sa partie,

avant que maman ne le surprenne.

Aïe, la revoilà.

Basile clique vite.

Le jeu disparaît.

« Je fais une tarte, dit maman.

Tu me donnes un coup de main ?

Tu pourras goûter la pâte. »

« Non, répond Basile.

Je n'en ai pas envie. »

Maman soupire et quitte la pièce.

Basile peut faire ce qu'il veut.

Il cherche quelque chose à acheter.

Une chose farfelue ou drôle.

Il clique à nouveau.

Sur quel site est-il maintenant ?

Mais c'est quoi, ça ?

« C'est fou ! » fait Basile.

Il y a un requin à vendre.

Mais il n'a pas l'air gentil.

Pourtant il est écrit : Un copain pour toi.

« Quelle drôle d'idée, se dit Basile.
Vite je le supprime d'un clic ! »
Mais il ne disparaît pas !
Basile éteint l'ordinateur
Et il le rallume aussitôt.
L'ordinateur fait bip.

Basile se remet à dialoguer en ligne.

À présent, c'est avec Bug.

Bug, quel drôle de nom !

Il demande : « Veux-tu être mon copain ? »

« Je ne sais pas », répond Basile.

Bug dit : « On peut se voir.

Viens au parc après l'école. »

Basile répond : « Dans quel parc ? »

« Celui près de chez toi », dit Bug.

C'est étrange.

Bug sait où Basile habite.

Il insiste : « Tu viens, oui ou non ? »

Basile hésite.

Maman le lui a déjà dit :

il ne doit pas parler avec des inconnus.

Et surtout pas les rencontrer.

C'est dangereux.

Mais Basile est curieux.

« Oui, répond-il. J'y serai. »

Aïe, voilà maman.

Basile fait vite une recherche.

Un poisson apparaît.

« Tu as trouvé quelque chose ? » dit
maman.

« Bien sûr, répond Basile. Je l'ai.
C'est le poisson de ma maîtresse. »

« Mais c'est une perche, dit maman.
Ta maîtresse doit connaître ce poisson !
C'est bizarre.
Imprime-le donc.
Tu pourras l'apporter à l'école.
Maintenant, éteins ton ordinateur,
la tarte est prête. »

Le lendemain, Basile se réveille tôt.
Il doit aller à l'école.
Pourvu que maman ne parle pas
du poisson !
Sa maîtresse ignore tout.
« J'aimerais que l'école
finisse vite, dit Basile,
pour que j'aille
voir Bug. »

Basile s'ennuie en classe.
Il se dit : « Rien ne m'intéresse.
Je veux vite rentrer à la maison. »

La sonnerie retentit.
L'école est finie.
Basile rentre à la maison.

Il range vite son cartable.
« Salut, maman.
Je vais au parc », dit-il.
« C'est étrange, répond maman.
Aujourd'hui, tu veux y aller. »
Mais Basile est déjà parti.
Il a enfourché son vélo
et pédale à toute vitesse.

Où est donc Bug ?
Basile regarde bien,
mais il ne le voit pas.
Il y a un homme avec une canne.
Et un enfant avec un chiot.
Le chiot est encore très petit.
Il sautille.
Basile s'assoit sur une souche.
Bug n'est pas là.
Mais soudain...
« Bouh ! » Basile sursaute.
Il se retourne et il voit...

Johan !
« Que tu es bête, Johan, dit Basile.
C'est Bug que j'attends, pas toi. »
Mais il voit alors le pull de Johan,
où il est écrit Bug.
Comment est-ce possible ?
Johan éclate de rire.
« Ah, ah ! C'est moi Bug, dit-il.
Je ne trouvais pas de nom.
Puis j'ai regardé mon pull. »
Basile est soulagé.
Ce Bug, c'est Johan !

« Je t'ai joué un tour, dit Johan.
Tu passes plus de temps sur le Net
qu'au parc.
Tu ne joues plus avec moi,
ni avec Thomas.
Tu t'intéresses plus à ta souris qu'à nous !
Alors j'ai eu une idée.
Je devais t'attirer au parc ! »
« Tu es sacrément malin, dit Basile.
On grimpe dans l'arbre ? »

Basile joue de nouveau dans le parc,
avec Thomas et Johan.
Il surfe encore parfois sur le Net,
mais plus aussi souvent !

Au parc d'attractions !

Julie est contente.
Elle a reçu une lettre.
Elle est dans son sac.
C'est une lettre de sa maîtresse.
Julie la lit à maman.
La classe part en voyage.
Ils vont au parc d'attractions.
Le parc est près de la mer.
La classe y va en car.

« Maman ! crie-t-elle. C'est fou ! »
Et elle saute sur place de joie.
Sa copine Marie y va aussi.
Julie voudrait déjà y être,
mais elle doit encore attendre.
Une semaine, c'est long !

La maîtresse demande de l'argent.
C'est écrit dans la lettre.
C'est pour le car.
Maman met l'argent dans une enveloppe
et l'enveloppe dans le sac de Julie.
Julie l'apportera à l'école.

Le grand jour est arrivé.
Maman prépare le sac de Julie.
C'est un sac à dos.
Maman y met du jus,
une tartine et un biscuit.

Papa est là aussi.

Il donne un peu d'argent à Julie.

« Mets-le dans ton sac,

pour ne pas le perdre.

Tu t'achèteras une friandise. »

Maman attend Julie dans la voiture.

Julie court vers elle.

Elle est pressée de partir.

« Au revoir, papa ! » crie Julie.

Que de monde devant l'école !
La classe de Julie est en rang,
tout près du car.
La maîtresse est là aussi.
Elle parle à une maman
et au papa de Théo.
Il ne travaille pas
et les accompagne.

« Montez, dit la maîtresse,
et restez tous bien assis.
Il est temps de faire au revoir,
on y va ! »
Julie fait signe à maman.
Maman aussi lui fait signe.
Julie est assise à côté de Marie.
Comme elle va s'amuser !

On rit beaucoup dans le car.

La maîtresse connaît une chanson.

« Répétez après moi ! » dit-elle.

Elle chante une phrase

et la classe répète.

On va au parc d'attractions.

On va au parc d'attractions.

Il est loin de la maison.

Il est loin de la maison.

Comme on va bien s'amuser !

Comme on va bien s'amuser !

On rentrera fatigués !

On rentrera fatigués !

Enfin, la classe arrive au parc.
Le car s'arrête à la porte.
La maîtresse achète un ticket.
C'est un ticket pour le groupe.
Un homme avec une casquette
compte les enfants.
« Je m'appelle Guy, dit-il.
Amusez-vous bien ! »

« Voici le parc, dit la maîtresse.
Restez toujours près de moi
ou près du papa de Théo.
Il s'appelle Louis.
Il est très gentil. »
Louis fait signe à la classe.
« Qui veut faire pipi ? »
Faire pipi ? Non, pas le temps.
Allons plutôt au parc !

La classe passe sur un pont.
Il est très étroit.
Il y a aussi un lac.
Il est très grand.
« Attention ! » dit la maîtresse.

Il ne faut pas tomber.
Le pont balance.
C'est amusant.
Julie se tient à la corde
et Marie aussi !

Puis la classe part en bateau.

Cela tangue un peu !

Le bateau penche à gauche, puis à droite.

« Oh, mon ventre ! » dit Marie.

Benoît se sent aussi malade.

« Je n'irai plus en bateau », dit-il.

Puis ils vont en train.

Le petit train traverse tout le parc.

Un homme du parc le conduit.

Il a des lunettes.

La maîtresse compte la classe

avant de monter dans le train.

Julie enlève son sac de son dos.

Tuut tuut ! Le petit train est parti.
Il monte sur une colline.
« Je vois la mer »,
dit le papa de Théo.
Est-ce possible ?
Mais oui, au loin,
on voit une dune et la mer.

Le train s'arrête.

Toute la classe descend.

Le papa de Théo montre une attraction.

« Qui vient avec moi ? dit-il.

Ce train va très vite et

parfois, il se retourne ! »

Théo et Benoît veulent y aller.

Denis et Marc aussi.

Marie aimerait aussi y aller,

mais elle n'ose pas.

« Ce n'est rien, dit le papa de Théo.

Tu iras sur la prochaine attraction. »

« Je reste avec toi », dit Julie.

La maîtresse n'y va pas non plus.

« Je n'aime pas cela, dit-elle.

Je préfère rester ici. »

Elle s'assied sur un muret.

Julie et Marie viennent près d'elle.

D'autres enfants sont là aussi.

Tout près, il y a un marchand.

Il vend des bonbons.

Julie voudrait acheter une sucette.

Elle cherche l'argent de papa.

« Mais où est mon sac ? » dit Julie.

Oh non, où est passé son sac ?

Il était sur son dos !

Il est resté dans le petit train,

le train qui a traversé le parc.

Julie est triste.

La maîtresse le voit.

« Qu'y a-t-il ? » dit-elle.

Julie lui explique tout.

Elle se met à pleurer.

La maîtresse sait quoi faire.

« Les autres sont sortis.

Viens, retournons

au petit train.

Ton sac doit y être

encore. »

Louis, le papa de Théo, arrive.
Benoît a l'air bizarre.
La maîtresse explique tout à Louis :
le sac de Julie est resté dans le train.
« Je vais rester avec la classe »,
propose le papa de Théo.
Julie et la maîtresse partent.

Elles arrivent au petit train.
L'homme aux lunettes est encore là.
Mais il ne sait rien,
il n'a pas remarqué de sac.

« Mais où est donc mon sac ?
dit Julie. Je n'ai plus de biscuit, plus rien ! »
« Tiens, je te donne un peu d'argent »,
dit la maîtresse.
Et toutes deux retournent au muret.

Le papa de Théo les attend.
Toute la classe est là aussi.
Marie crie : « Julie, viens vite ! »
Le papa de Théo a quelque chose.
C'est le sac de Julie !
« Mon sac ! Mon sac ! » crie-t-elle.
Comme elle est contente !

Guy, l'homme à la casquette, avait son sac.

Un enfant le lui avait apporté.

Il l'avait vu dans le train

et le nom de Julie était écrit dessus.

Guy savait qui elle était.

C'était une petite fille du groupe !

Puis il a vu le papa de Théo

et lui a rendu le sac.

Chouette !

Julie saute de joie.

Elle donne un bisou à Louis.

Elle prend son argent

et va acheter beaucoup de bonbons.

C'est pour toute la classe,

pour la maîtresse, pour Louis et pour Guy !